BANHOS DE DESCARGA

ARIOMAR LACERDA

BANHOS DE DESCARGA

6ª edição
4ª reimpressão

PALLAS

Rio de Janeiro
2014

Produção editorial
Pallas Editora

Capa
João Davi

Todos os direitos reservados à Pallas Editora e Distribuidora Ltda. É vetada a reprodução por qualquer meio mecânico, eletrônico, xerográfico etc., sem a permissão por escrito da editora, de parte ou totalidade do material escrito.

CIP-BRASIL. CATALOGAÇÃO-NA-FONTE.
SINDICATO NACIONAL DOS EDITORES DE LIVROS, RJ.

L134b
6ª ed.
4ª reimpr.

Lacerda, Ariomar.
Banhos de descarga / Ariomar lacerda (Yalorixá Oluféyi); coordenador Fernandes Portugal. – 6ª edição – Rio de Janeiro: Pallas, 2014.

ISBN 978-85-347-0298-0

I. Banhos – aspectos religiosos – cultos afro-brasileiros.
I. Portugal Fernandes. II. Título.

98-1864

CDD 299.65
CDU 299.6.3

Pallas Editora e Distribuidora Ltda
Rua Frederico de Albuquerque, 56 – Higienópolis
CEP 21050-840 – Rio de Janeiro – RJ
Tel/fax: (021) 2270-0186
www.pallaseditora.com.br
pallas@pallaseditora.com.br

ÍNDICE

INTRODUÇÃO, 7
O Amaci, 8
O Banho de Abô, 8
Os Banhos de Descarga, 10
O Banho de Descarga Perfumado, 12
Os Banhos de Descarga na Umbanda, 14
O Descarrego com Fundanga (pólvora), 15
Flor de Obaluayê, 16

OS BANHOS DE DESCARGA
Banho de Descarga, 19
Banho de Proteção, 19
Banho de Descarrego Completo I, 20
Banho de Descarrego Completo II, 20
Poderoso Banho de Atração, 21
Banho de Defesa, 21
Banho para Obter Boa Sorte, 22
Banho para Conservar as Amizades, 22
Banho para Abertura de Caminho, 23
Banho para se Livrar dos Inimigos, 23
Banho para Livrar-se da Inveja, 24
Banho de Descarga Contra Olho Grande e Inveja, 24
Banho para Afastar Clima de Briga, 25
Banho de Sorte e Sucesso da Tribo dos Ciganos, 25
Banho de Defesa e Proteção Contra Demandas I, 26
Banho de Defesa e Proteção Contra Demandas II, 26
Banho para Afastar Obsessores, 27
Banho para Invocar o Anjo da Guarda, 27
Banho para Despachar Egun, 28
Banho de Descarga de Todos os Orixás, 29
Banho de Axé para se Conseguir o Perdão dos Orixás, 29
Banho de Axé do Orixá Ogum Edé, 30
Banho de Axé com Metais, 30
Banho de Axé Contra o Olho Grande, 31
Banho de Purificação Destinado à Pessoa de Qualquer Orixá, 31
Banho para Obter Prosperidade e Sorte do Orixá Ossayin, 32
Banho para Obter Prosperidade e Sorte do Orixá Ogum, 32
Banho para Obter Prosperidade e Sorte do Orixá Oxosse, 33
Banho de Proteção para os Filhos do Orixá Iansã, 33
Banho de Proteção para o Filho de Oxum, 34
Banho de Proteção para os Filhos do Orixá Oxosse, 34

Banho de Proteção para os Filhos de Xangô, 35
Banho de Proteção para os Filhos do Orixá Iemanjá, 35
Banho de Proteção para os Filhos de Omulu, 36
Banho de Proteção para os Filhos de Iemanjá, 36
Banho de Proteção para os Filhos do Orixá Obá, 37
Banho de Proteção para os Filhos do Orixá Omulu, 37
Banho de Proteção para os Filhos de Oxum, 38
Banho de Proteção para os Filhos de Ossayin, 38
Banho de Proteção para os Filhos de Oxumarê, 39
Banho de Proteção para os Filhos do Orixá Obaluayê, 39
Banho de Proteção para os Filhos de Ogum de Ronda, 40
Banho de Proteção para os Filhos de Ogum Marinho, 40
Banho de Proteção para os Filhos de Ogum Delé, 41
Banho de Proteção para os Filhos de Ogum Mejê, 41
Banho de Proteção para os Filhos do Orixá Tempo, 42
Banho de Atração para os Filhos de Iansã, 42
Banho de Atração para os Filhos de Iemanjá, 43
Banho de Atração para os Filhos de Oxum, 43
Banho de Atração para os Filhos de Oxosse, 44
Banho de Atração do Orixá Oxum, 44
Banho de Descarga para os Filhos de Ogum Wari, 45
Banho de Descarga para os Filhos de Ogum Naruê, 45
Banho de Descarga para os Filhos de Iansã, 46
Banho de Descarga para os Filhos de Iansã, 46
Banho de Descarga para os Filhos do Orixá Oxumarê, 47
Banho de Descarga para os Filhos de Oxosse, 47
Banho de Abertura de Caminhos dos Filhos do Orixá Obaluayê, 48
Banho para os Filhos de Xangô, para Fortalecimento da Cabeça, 48
Banho de Fortalecimento da Cabeça para os Filhos de Oxalá, 49
Banho para Obter Sorte do Caboclo Cobra Coral, 49
Banho de Sorte do Caboclo Arranca Toco, 50
Banho de Descarga do Pai Rei do Congo, 50
Banho de Descarrego do Pai João de Aruanda, 51
Banho de Ogum Xoroquê para Afastar Inimigos, 51
Banho do Orixá Ogum para Abertura de Caminhos, 52
Banho de Ogum para Afastar Olho Grande, 52
Banho de Nanã para Curar Feridas, 53
Banho de Obaluayê para Curar Coceiras e Feridas, 53
Banho de Descarga para Curar Problemas de Vista (Orixá Nanã), 54
Banho de Descarga para Curar Coceiras e Dermatoses, 54
Banho de Descarga para Acalmar o Sistema Nervoso, 55
Banho para Encontrar Coisas Perdidas Sobre a Proteção de Xangô, 55
Banho para Encontrar Coisas Perdidas, 56

APÊNDICE, 59

INTRODUÇÃO

Os escravos africanos, que trouxeram a cultura afro, introduziram o ato de banhar-se com ervas antes de uma cerimônia religiosa afro-brasileira, tornando-se além de um ato litúrgico uma necessidade. Sua importância dentro dos rituais de iniciação na Umbanda e no Candomblé são fundamentais para um bom desempenho nas etapas seguintes e no todo.

Os banhos de ou com ervas estão incorporados nos nossos costumes e tradições de origem afro-brasileira, assim como em outras religiões e diversas sociedades de natureza esotérica com prática constante e diversificada. Sabe-se que os ciganos ministram os primeiros banhos nas crianças ciganas de sua tribo reunindo as jóias de toda a família cigana, visando proporcionar ao recém-nascido sorte, prosperidade e abundância durante toda a sua existência.

Nos rituais de origem afro-brasileira existe um sacerdote denominado babalossain, que possui grande conhecimento tradicional na coleta de ervas sagradas e no preparo de banhos.

Existem diversas categorias de banho com usos e finalidades definidas. O processo empregado é quase sempre o da maceração das ervas, feito por mulheres e homens iniciados no culto dos orixás. As ervas, após a maceração, são repousadas em um recipiente de barro juntamente com outros ingredientes que o babalorixá achar necessários. Este recipiente é enterrado no terreiro durante uma fase da Lua, que pode ser: Crescente, Cheia ou Nova. Fica geralmente por um período de 3 dias; é conhecido nos terreiros de candomblé como Abô. O Abô é utilizado após serem realizados trabalhos de limpeza no filho de santo ou em um consulente que procure o terreiro. É usado no ritual de iniciação e na limpeza de objetos considerados sagrados e mágicos. Difere, entretanto, do Amaci, que é um banho preparado exclusivamente para a lavagem da cabeça do iniciado, tanto na Umbanda quanto no Candomblé.

O AMACI

Os amacis são empregados em banhos ou em lavagens de cabeça. Servem para fortalecer a cabeça (no sentido cósmico, mente, o intelecto) de um filho de santo, preparando-o para receber os fluidos e inspirações do seu orixá de cabeça. As ervas do amaci nunca são cozinhadas, sendo apenas maceradas. Elas devem ser misturadas em uma limpa água de fonte, pelas mãos de pessoa filha de santo do terreiro. Para a preparação do amaci são necessários conhecimentos das folhas compatíveis com a cabeça do iniciado (informação prestada pelo jogo de búzios, pelo babalorixá ou yalorixá, ou o guia chefe do terreiro de Umbanda). Quem vai ministrar essa cerimônia será a pessoa responsável pela vida espiritual do iniciado, colocando a mão na cabeça do mesmo e para isto deve tomar todo o cuidado inerente a situação, pois se os mesmos não forem bem preparados poderão ocasionar transtornos, acarretando desequilíbrio em todos os sentidos. Exemplificamos abaixo alguns amacis que são processados na Umbanda:

O amaci do filho de Xangô deve conter água da cachoeira ou água de chuva, de preferência seguida de trovoadas.

O filho do orixá Oxum deve ter o seu amaci preparado com água de uma fonte natural ou de um poço.

O banho de ervas é de fundamental importância, não só nos rituais afro-brasileiros, como também em nosso dia a dia. E sua eficácia é ainda mais acentuada quando ele é preparado dentro de rígidos princípios doutrinários, incluindo as misturas das ervas com suas combinações específicas.

O BANHO DE ABÔ

O banho de Abô é tradicional nos candomblés da Bahia, Rio, Recife e demais Estados do Brasil, sendo originário da África.

Destina-se, entre outras finalidades, aos novos iniciados· no candomblé, sendo também utilizado por ocasião de recolhimento ao roncó (o mesmo que camarinha). Geralmente é ministrado às primeiras horas da madrugada

Este banho prepara-se obedecendo a seguinte norma: reúnem-se as ervas destinadas aos orixás, submetendo-as a um processo de maceração, adicionando-lhes o sangue dos animais sacrificados aos orixás. Em seguida, coloca-se o conteúdo obtido em uma talha, enterrando-a para que seja obedecido o processo de fusão. Além de servir como banho de purificação ele é também ingerido, a fim de curar possíveis doenças e fortalecer o corpo físico de quem o faz. O banho de Abô só pode ser ministrado por babalorixás ou yalorixás que, além de iniciados, estejam com as suas obrigações rituais em dia. O benho de Abô contém um número considerável de ingredientes, tais como raízes, folhas, flores e frutos de diversas procedências

OS BANHOS DE DESCARGA

Para as pessoas que estão carregadas de maus fluidos e influências negativas, sentindo o corpo cansado sem terem feito grandes esforços físicos, mal-estar freqüente, dores na nuca, dores nas costas e nas pernas, bocejando sem sono, nervosismo em excesso, falta de ânimo, falta de iniciativa, instabilidade emocional, tropeços, pequenos azares, pressentindo que outras pessoas se afastam delas.

Para a execução dos banhos de descarga, no caso acima citado, recomendamos para uso as seguintes ervas:
    Arruda
    Guiné
    Alecrim
    Abre-Caminhos
    Catinga de Mulata
    Sal Grosso
LUA: minguante
DIA DA SEMANA: segunda-feira
HORÁRIO: noturno
Para melhor execução deste banho é preferível que as ervas acima discriminadas encontrem-se verdes, sem apresentar defeitos. Devem ser adquiridas na lua nova, crescente ou cheia. São ligeiramente fervidas. Toma-se primeiramente um banho de higiene, isto é, um banho normal. Coam-se todos os ingredientes citados anteriormente e coloca-se em um balde com aproximadamente 3 litros de água. Este banho, apesar das contradições, é colocado da cabeça aos pés, partindo-se do princípio de que é a cabeça que rege o corpo. Não têm fundamento as informações de que os banhos de descarga devem ser tomados apenas do pescoço para baixo. As folhas utilizadas no banho não precisam ser utilizadas diretamente sobre a cabeça, pois o importante é a essência das mesmas. Pode-se também utilizar estas ervas e o sal grosso valendo-se de um outro processo de execução, a maceração das folhas, que é executado da seguinte maneira: maceram-se as folhas com um pouco de água, colocam-se as ervas em

uma vasilha espremendo-as até obter a maior quantidade possível do sumo das mesmas, a seguir junte dois litros de água pura, adicione sal grosso deixando dissolver na água.

As ervas utilizadas no banho são, após o uso, colocadas em um mato. Nunca devem ser jogadas ao lixo. Observamos também a importância de utilizar ervas frescas, pois ervas secas encontradas nas casas de artigos de umbanda não possuem nenhuma qualidade para banhos, seja de que natureza for. Dependendo da intensidade da carga pode-se tomar um, dois ou três banhos por semana, ficando a critério da pessoa o número de banhos necessários. As roupas utilizadas após o banho são sempre roupas claras e a pessoa deve se abster de relações sexuais naquele dia. O horário deve ser noturno, antes de conciliar o sono.

O BANHO DE DESCARGA PERFUMADO

Se o leitor desejar tomar um banho para descarregar dos maus fluidos e de vibrações inferiores de pessoas invejosas, ciumentas e, ainda por cima, refrescar-se, além de ficar perfumado(a), atraindo a simpatia e a aproximação de guias e protetores espirituais eis aí a fórmula como prepará-lo:

Ervas utilizadas:
Arruda
Guiné
Alecrim
Alfazema
Levante
Abre-Caminhos
Cordão de Frade
Vassourinha de Relógio
LUA: minguante,
DIA DA SEMANA: segunda-feira
HORÁRIO: noturno

Misture-as em uma vasilha com sal grosso. Utilize o mínimo de três folhas das acima citadas, mas que estejam verdes. Coloque-as em uma vasilha limpa, juntamente com uma erva de aroma agradável, a seu gosto.

Se for mulher utilize uma destas ervas:
Lilás
Verbena
Jasmim
Camomila
Erva-Doce
Rosa Branca
Rosa Amarela
Artemísia
Louro
Hortelã
Violeta

LUA: minguante
DIA DA SEMANA: segunda-feira
HORÁRIO: noturno

Se for homem utilize:
Cânfora
Coentro
Aniz
Cravo da Índia
Louro
Canela
Sândalo
Cedro
ou qualquer outro perfume tido por masculino.

LUA: minguante
DIA DA SEMANA: segunda-feira
HORÁRIO: noturno

Em seguida, despeje em cima alguns litros de água fervente, tape e deixe-as em infusão até a água ficar morna, adicione álcool especial, desses utilizados na fabricação de perfumes, na proporção de um cálice pequeno para cada litro de água do banho. Coloque tudo em um recipiente de vidro branco, deixando esfriar. A seguir coe o preparado e coloque-o em garrafas de vidro transparente ou fosco e está pronto o seu banho de descarga perfumado. Use-o quando necessitar, podendo ser duas ou três vezes por semana. Você estará com o corpo limpo, livre de quaisquer impurezas astrais e perfumado.

OS BANHOS DE DESCARGA NA UMBANDA

Fazemos ciente que, para casos especiais, e também para fins específicos, segundo a linha a que o filho de Umbanda pertencer, as próprias entidades (Caboclos, Pretos Velhos e Orixás) indicam outras fórmulas de banhos, expondo também sobre o modo como devem ser empregados.

Contudo, há um certo número de banhos aplicáveis em casos semelhantes e já bastante conhecidos na Umbanda.

Como nem todos podem recorrer a uma boa Tenda ou a um bom médium, damos a seguir algumas fórmulas de banhos muito úteis a todos que deles se utilizarem.

De todos os banhos de descarga o mais simples se constitui no seguinte:

EXECUÇÃO:

Água do mar apanhada pela manhã, cedo, nos três últimos dias da lua crescente, ou então, três punhados de sal grosso e pondo-os dentro de uma pequena bacia com água (8 ou 10 litros) dizendo, quando botar o primeiro punhado de sal: "Em nome do Pai", o segundo, "em nome do Filho" e o terceiro, "em nome do Espírito Santo, que é a Santa Divina Trindade, que eu fique livre de toda a perturbação assim como de lodo o mal". E em seguida cantar o ponto:

"Baixai... Baixai!
Virgem da Conceição
Maria Imaculada,
Tirai a perturbação. (Bis)
Todo mal que existe em mim,
Desde já é retirado,
Levado pelo mar adentro...
Para as ondas do mar sagrado. (Bis)"

E, cantando este ponto, despejar a água da cabeça aos pés. Em seguida, limpar o corpo com uma toalha branca de rosto (se for nova, melhor) da cabeça aos pés; depois disto feito, vestir roupa limpa. Em seguida, embrulhar a toalha em papel branco, sem amarrá-lo e mais sete rosas brancas.

Procurar uma praia para jogar a toalha e as rosas no mar. Chegando à praia a primeira coisa a fazer é pedir licença, dizendo: "dá licença?..." Em seguida, jogar a toalha no mar dizendo: "povo do mar, tomai conta do meu mal e dai-me paz, saúde e felicidade". Depois disto jogar as rosas dizendo: "eu vos ofereço, Rainha do Mar, para que me deis paz e prosperidade e realize o meu ideal. Assim seja".

Se quiserem ainda melhor, principalmente esses para os quais a vida é cheia de amarguras, devem também levar um pouco de mel e, derramar o mel por sobre as ondas, dizendo: "Que se abrandem os males que me possam estar reservados, assim como este mel adoça a água salgada".

O melhor dia da semana para fazer este trabalho no mar é segunda ou sexta-feira, próximo ao meio-dia,

O DESCARREGO COM FUNDANGA (PÓLVORA)

Para descarregar uma pessoa que esteja carregada de maus fluidos, em conseqüência de perseguição de espíritos obsessores, deve-se colocá-la em um círculo ou arco de pólvora, não totalmente fechado, deixando uma abertura de mais ou menos meio metro. O círculo de pólvora não deve ficar muito próximo da pessoa que ficará dentro, mas a mais ou menos meio metro de distância das extremidades.

A pessoa deve ficar voltada para a abertura do círculo. Tudo pronto, ateia-se o fogo por trás, TENDO-SE TODO O CUIDADO, inclusive pondo-se o fogo na pólvora através de uma folha de papel acesa, para evitar queimaduras em quem vai atear o fogo. NUNCA COLOQUE MAIS DE UMA PESSOA DENTRO DO CÍRCULO. Três descarregos, com intervalos de uma semana, são suficientes.

FLOR DE OBALUAYÊ

É o banho de pipocas, Para prepará-lo, deverá a mãe-de-santo (ou a pessoa) adquirir milho de pipoca e colocá-lo em panela de barro. Ao prepará-lo, deverá a cozinheira pedir a Obaluayê (sincretizado com São Roque nos cultos afros), através de preces, que imante (dê forças) a pipoca para que realize o que se vai fazer. O banho, após deixar esfriar a pipoca, é jogado no corpo da pessoa, do pescoço para baixo e aparado em um alguidar, sendo a seguir despachado na mata. O banho de que falamos consiste em jogar as pipocas no corpo da pessoa, que deverá estar limpa, tendo tomado antes um banho de higiene com sabonete.

BANHOS DE DESCARGA

BANHO DE DESCARGA

LUA: minguante
DIA DA SEMANA: o que melhor lhe convier
HORÁRIO: noturno
ERVAS UTILIZADAS:
Espada de São Jorge
Arruda Macho
Arruda Fêmea
Guiné
Rosas brancas
Quebra-tudo
Água-pé
Hortelã

OBS.: Este banho de descarga só pode ser usado por mulheres.
As ervas deverão ser colocadas em ± 3 litros d'água fervida e depois coadas.

BANHO DE PROTEÇÃO

LUA: crescente
DIA DA SEMANA: domingo
HORÁRIO: vespertino
ERVAS UTILIZADAS:
Espada de São Jorge (comum)
Espada de São Jorge amarela (Girassol flor)
Flores e folhas de laranjeiras
Folhas de limeira
Guiné
Arruda Macho
Arruda fêmea
Rosas brancas
Flores de Angélicas

OBS.: Este banho de descarga só pode ser usado por mulheres.
As ervas deverão ser colocadas em ± 3 litros d'água fervida e depois coadas,

BANHO DE DESCARREGO COMPLETO – I

LUA: minguante
HORÁRIO: diurno
DIA DA SEMANA: segunda-feira
ERVAS UTILIZADAS:
    Folha de alface
    Amendoeira
    Aroeira
    Arrebenta cavalo
    Figueira do diabo
    Folhas de bambu
    Brinco de princesa
    Cana
    Cebola do mato
    Fedegoso

OBS.: As ervas deverão ser colocadas em ± 3 litros de água fervida e depois coadas.

BANHO DE DESCARREGO COMPLETO – II

LUA: minguante
HORÁRIO: diurno
DIA DA SEMANA: segunda-feira
ERVAS UTILIZADAS:
    Figo Benjamim
    Figo do inferno
    Folha da fortuna
    Hortelã pimenta
    Olapéu de turco
    Mangueira
    Melão São Caetano
    Pau d'alho
    Sapê
    Vassourinha de igreja

OBS.: As ervas deverão ser colocadas em ± 3 litros de água fervida e depois coadas.

PODEROSO BANHO DE ATRAÇÃO

LUA: crescente, cheia ou nova
DIA DA SEMANA: quarta-feira
HORÁRIO: noturno
ERVAS UTILIZADAS:
    Folhas de malva rosa
    Eucalípto
    Colônia
    Cravo branco
    Pétalas de rosa branca
    Manacá
    Mil homens
    Girassol

OBS.: Cozinhar tudo, coar e deixar escorrer pelo corpo sem enxugar. Este banho deverá ser tomado na hora de dormir.

BANHO DE DEFESA

LUA: crescente
DIA DA SEMANA: quinta-feira
HORÁRIO: noturno
ERVAS UTILIZADAS:
    Erva de Xangô
    Erva de Santa Bárbara
    Louro verde
    Rosas vermelhas
    Palmas de Santa Rita
    Alecrim do campo
    Espada de São Jorge

OBS.. As ervas deverão ser colocadas em ± 3 litros de água fervida e depois coadas. Este banho deve ser tomado despejando-se da cabeça aos pés. As ervas, depois de secas, devem ser queimadas num braseiro junto com incenso, benjoim e mirra, dizendo as seguintes palavras:

"Fogo de Deus, Fogo Celestial, Fogo Sagrado, que toda impureza seja queimada e destruída em nome do Pai, do Filho e do Espírito Santo que é a Santa Divina Trindade. Queimai, destrui e reduzi ao nada todas as más influências, assim como todo o mal."

BANHO PARA OBTER BOA SORTE

LUA: crescente
DIA DA SEMANA: terça-feira
HORÁRIO: noturno
ERVAS UTILIZADAS:
    Camboim
    Arruda macho
    Arruda fêmea
    Bredo de Santo Antônio
    Erva bicho
    Folha da Fortuna
    Colônia
    Guiné
    Levante
    Quebra-tudo
    Comigo-ninguém-pode
    Espada de São Jorge

OBS.: As ervas deverão ser colocadas em ± 3 litros de água fervida e depois coadas.

BANHO PARA CONSERVAR AS AMIZADES

LUA: crescente
HORÁRIO: noturno
DIA DA SEMANA: terça-feira
ERVAS UTILIZADAS:
    Araçá
    Camboim
    Açoita Cavalo
    Gerivá
    Espada de São Jorge
    Guiné
    Avenca
    Samambaia
    Barba de pau
    Cipó mil homens

OBS.: As ervas deverão ser colocadas em ± 3 litros de água fervida e depois coadas.

BANHO PARA ABERTURA DE CAMINHO

LUA: crescente, cheia e nova
DIA DA SEMANA: quarta, sexta-feira ou sábado
HORÁRIO: noturno
ERVAS UTILIZADAS:
 Branda mundo
 Vassourinha de relógio
 Saco-saco
 Cordão de frade
 Levante
 Arruda macho
 Arruda fêmea
 Guiné pipiu
 Cipó pedra
 Cipó Mil Homens
 Palmas de Santa Rita
 Cravos amarelos
 Cravos vermelhos
 Verbena
 Comigo ninguém pode
 Espada de São Jorge

OBS.: As ervas deverão ser colocadas em ± 3 litros de água fervida e depois coadas.

BANHO PARA SE LIVRAR DOS INIMIGOS

LUA: minguante
HORÁRIO: diurno
DIA DA SEMANA: segunda-feira
ERVAS UTILIZADAS:
 Arruda
 Guiné
 Alfazema
 Café
 Açúcar Cristal
 Urtiga Vermelha
 Eucalipto
 Velame do campo

OBS.: As ervas deverão ser colocadas em ± 3 litros de água fervida e depois coadas.

BANHO PARA LIVRAR-SE DA INVEJA

LUA: minguante
DIA DA SEMANA: segunda-feira
HORÁRIO: diurno
ERVAS UTILIZADAS:
  Abre caminho
  Bem-com-Deus
  Folha de coqueiro
  Jatobá (casca ou seiva)
  Guiné
  Arruda macho
  Arruda fêmea
  Rosas brancas
  Capim rosário
  Tapete de Oxalá
  Açoita-cavalos
  Levante
  Oripepê
  Quebra-tudo
  Comigo-ninguém-pode
  Espada de São Jorge

OBS.: As ervas deverão ser colocadas em ± 3 litros de água fervida e depois coadas.

BANHO DE DESCARGA CONTRA OLHO GRANDE E INVEJA

LUA: minguante
HORÁRIO: diurno
DIA DA SEMANA: segunda-feira
ERVAS UTILIZADAS:
  Barba de pau
  Geriva (folhas)
  Açoita cavalo
  Camboim
  Araçá
  Guiné pipiu
  Guiné Caboclo
  Alfazema de Caboclo

OBS: As ervas deverão ser colocadas em ± 3 litros de água fervida e depois coadas.

BANHO PARA AFASTAR CLIMA DE BRIGA

LUA: minguante
HORÁRIO: noturno
DIA DA SEMANA: terça-feira
ERVAS UTILIZADAS:
    Folhas de lima de umbigo
    Mel de abelhas
    Folhas de laranjeiras
    Hortelã
    Jurema
    Eucalipto
    Rosas brancas
    Guiné
    Alecrim do campo

OBS.: As ervas deverão ser colocadas em ± 3 litros de água fervida e depois coadas.

BANHO DE SORTE E SUCESSO DA TRIBO DOS CIGANOS

LUA: crescente, cheia ou nova
HORÁRIO: noturno
DIA DA SEMANA: sexta-feira, sábado e domingo
ERVAS UTILIZADAS:
    Dandá da Costa
    Sândalo em pó
    Cravo
    Canela
    Açúcar cristal
    7 gotas de um perfume de boa qualidade
    Noz moscada
    Paticholi
    Picholin
    Mel de abelhas puro
    Levante
    Colônia

OBS.: Este banho proporciona grande sorte a quem dele se utiliza. Deve ser tomado 3 vezes seguidas a cada 6 meses.

BANHO DE DEFESA E PROTEÇÃO CONTRA DEMANDAS – I

LUA: minguante
DIA DA SEMANA: segunda feira
HORÁRIO: noturno
ERVAS UTILIZADAS:
Dinheiro em penca
Mil homens
Cipó corpo
Saião
Abre caminho
Raspa de pó de carvão
Espada de São Jorge
Arruda macho
Arruda fêmea

OBS.: As ervas deverão ser colocadas em ± 3 litros de água fervida e depois coadas.

BANHO DE DEFESA E PROTEÇÃO CONTRA DEMANDAS – II

LUA: minguante
DIA DA SEMANA: segunda-feira
HORÁRIO: diurno
ERVAS UTILIZADAS:
Alho macho (raiz e folha)
1 pedaço de fumo de rolo em corda
Salsão
Guiné pipiu

OBS.: As ervas deverão ser colocadas em ± 3 litros de água fervida e depois coadas.

BANHO PARA AFASTAR OBSESSORES

LUA: minguante
HORÁRIO: diurno
DIA DA SEMANA: segunda-feira
ERVAS UTILIZADAS:
    Jaborandi
    Jurema branca
    Malva do campo
    Peregum verde
    Peregum amarelo
    Pitangueira
    Sumaré

OBS.: As ervas deverão ser colocadas em ± 3 litros de água fervida e depois coadas.

BANHO PARA INVOCAR O ANJO DA GUARDA

ERVAS UTILIZADAS:
    Laranjeira
    Lima de Umbigo
    Mel

    Segundo a *Cabala*, a tradição esotérica dos hebreus, existem *72 gênios que protegem os seres humanos*. Assim, cada homem tem um *Anjo da Guarda* ou *Gênio Guardião*. Este *Gênio* é mais poderoso que as *Forças Naturais*, sendo o verdadeiro diretor da vida do homem. Os *Gênios Guardiões* são como emanações da *Divindade*, Não podem ser vistos pelos olhos humanos.
    Estas 72 emanações que decorrem da *Divindade* podem ser analisadas pela elucidação do *tetragramaton* sagrado:
    O *Tetragramaton* é a palavra hebraica IEVE, o nome sagrado de *Deus* (Cabala Hebraica Antiga).
    Os valores numéricos das letras hebraicas que formam o nome de *Deus* são: *IOD* = 10; *HÉ* = 5; *VÔ* = 6; *HÊ* = 5. Logo, temos *10* mais *5*, igual a *15*, mais *6* igual a *21* e mais *5* igual a *26*. Somando-se todas estas vibrações do *IEVE* temos *72*, (Cabala Hebraica Antiga).

I = 10, ...= 10
IE = 10, mais 5... = 15
IEV = 10, mais 5, mais 6...........................= 21
IEVE = 10, mais 5, mais 6, mais 5..........= 26
TOTAL 72

Zohar, o mago, diz que estas vibrações são a Escada de Jacó, cuja parte superior ia se perdendo nas moradas da divindade.

Os 72 anjos presidem os 72 Quinários do Céu, as 72 Nações, as 72 partes do corpo humano, e relacionarn-se com tudo que vive, na Natureza Verde e na Humana. (Tradicional crença dos Profetas Hebreus).

Pelas razões acima expressas "havia 72 anciãos na Sinagoga e 72 intérpretes do Velho Testamento". (Tarot, o Baralho da Fortuna).

Mas, como agradar ao nosso Anjo Protetor, que nos acompanha e vigia nossas ações? Ab'D'Ruanda nos revela, através dos dons benéficos das ervas de Ossãe e de Dadá, a maneira certa de atrairmos o Anjo Guardião:

EXECUÇÃO:
OBS.: Deve-se, primeiramente cozinhar as ervas, deixar pegar o aroma das folhas e, depois de morno, adicionar mel, para adoçar o nosso anjo.

BANHO PARA DESPACHAR EGUN

LUA: minguante
DIA DA SEMANA: o que melhor lhe convier
HORÁRIO: noturno
ERVAS UTILIZADAS:
        Pitangeira
        Arueira
        Guiné pipiu
        Arruda
        Pinhão roxo

OBS.: Colocar as ervas na panela, tampar, deixar ferver a água por uns 5 minutos e, em seguida, retirar do fogo. Assim que esteja morno, coar e deixar escorrer pelo corpo após o banho de higiene. Não se enxugar, repetir esse banho no mínimo 3 vezes na semana. O horário de preferência sempre antes de dormir.

BANHO DE DESCARGA DE TODOS OS ORIXÁS

LUA: minguante
DIA DA SEMANA: segunda-feira
HORÁRIO: diurno
ERVAS UTILIZADAS:
    Arruda macho
    Guiné pipiu
    Água de mar colhida na Lua Nova
    Sal grosso
    Alfavaca
    Água de cachoeira colhida em noite de Lua Cheia
    Água de chuva
    Folha de fumo
    Folha de café
    Pétalas de rosa branca
    Pétalas de rosa vermelna

OBS.: As ervas deverão ser colocadas em ± 3 litros de água fervida e depois coadas.

BANHO DE AXÉ PARA SE CONSEGUIR O PERDÃO DOS ORIXÁS

LUA: crescente
HORÁRIO: noturno
DIA DA SEMANA: o que melhor lhe convier
ERVAS UTILIZADAS:
    Alamanda
    Alfavaca roxa
    Aloés
    Anda-açu
    Araticum de areia
    Arrebenta cavalos
    Barba de velho
    Beldroega
    Beringela roxa

OBS.: As ervas deverão ser colocadas, em ± 3 litros de água fervida depois coadas.

BANHO DE AXÉ DO ORIXA OGUN-EDÊ

LUA: crescente
HORÁRIO: noturno
DIA DA SEMANA: sábado
ERVAS UTILIZADAS:
    Alecrim
    Alfazema
    Rosas brancas
    Manjericão
    Noz moscada
    Cravo
    Canela
    Hortelã (graúda – crespa)
    Guiné
    Jasmim

OBS.: As ervas deverão ser colocadas em ± 3 litros de água fervida e depois coadas.

BANHO DE AXÉ COM METAIS

Segundo a *Magia Antiga*, os metais possuem determinadas vibrações. Os Alquimistas viam relação entre os metais e os seres humanos. Na *Quimbanda* e na *Umbanda*, quando se vê um paciente muito carregado, usa-se a receita, que colocamos abaixo, para descarregar o sofredor:

Para os que estão precisando de dinheiro e sorte na área econômica, é também muito indicado:
Rosas amarelas (só as pétalas)
Perfume de boa qualidade
Agua da cachoeira
Uma jóia de ouro

Depois de jogado o banho pela cabeça (ori), a jóia pode ser usada novamente, sem que haja nenhum perigo. O axé da *Oxun* já foi conseguido.

Já para *Oxalá*, fazemos o seguinte banho de metal:
Saião
Agua limpa
Uma jóia de prata
Perfume de boa qualidade

Depois de feito o banho de descarga, a jóia pode ser usada novamente.

BANHO DE AXÉ CONTRA O OLHO GRANDE

LUA: minguante
DIA DA SEMANA: segunda-feira
HORÁRIO: noturno
ERVAS UTILIZADAS:
    Capa de fumo de rolo
    Dente de alho socado
    Raspa da casca da arueira
    Mel
    Sal grosso

OBS.: Adicionar bastante água, jogar por todo o corpo deixando escorrer sem se enxugar.

BANHO DE PURIFICAÇÃO DESTINADO A PESSOA DE QUALQUER ORIXÁ

LUA: cheia
DIA DA SEMANA: terça-feira
HORÁRIO: diurno
ERVAS UTILIZADAS:
    Erva capitão
    Erva prata
    Erva da lua
    Folha de louro
    Girassol
    Palma de Santa Rita
    Salva
    Bem-com-Deus
    Benção de Deus
    Beijo de Frade

OBS.: As ervas deverão ser colocadas em ± 3 litros d'água fervida e depois coadas.

Este banho deve ser tomado da cabeça aos pés. As ervas utilizadas no banho também podem ser queimadas com Mirra, Incenso e Benjoim em dia de domingo ao meio-dia, para purificação do ambiente.

BANHO PARA OBTER PROSPERIDADE E SORTE DO ORIXÁ OSSAYIN

LUA: crescente
DIA DA SEMANA: quinta-feira
HORÁRIO: diurno
ERVAS UTILIZADAS:
    Quebra-tudo
    Camboim
    Assa-peixe
    Folha da fortuna
    Levante
    Cipó mil homens

OBS.: As ervas deverão ser colocadas em ± 3 litros de água fervida e depois coadas.

BANHO PARA OBTER PROSPERIDADE E SORTE DO ORIXÁ OGUM

LUA: crescente
DIA DA SEMANA: quinta-feira
HORÁRIO: diurno
ERVAS UTILIZADAS:
    Cambará
    Arruda macho
    Arruda fêmea
    Cedro rosa
    Folha da fortuna
    Guiné
    Levante
    Abre caminho
    Espada de São Jorge

OBS.: As ervas deverão ser colocadas em ± 3 litros de água fervida e depois coadas.

BANHO PARA OBTER PROSPERIDADE E SORTE DO ORIXÁ OXOSSE

LUA: crescente
DIA DA SEMANA: quinta-feira
HORÁRIO: diurno
ERVAS UTILIZADAS:
    Comigo-ninguém-pode (um pedaço pequeno)
    Levante
    Guiné
    3 rosas amarelas
    Arruda macho
    Arruda fêmea
    Pétalas de girassol
    Espada de São Jorge

OBS.: As ervas deverão ser colocadas em ± 3 litros de água fervida e depois coadas.

BANHO DE PROTEÇÃO PARA OS FILHOS DO ORIXÁ IANSÃ

LUA: crescente
HORÁRIO: noturno
DIA DA SEMANA: quarta-feira
ERVAS UTILIZADAS:
    Flores de angélica
    Rosas brancas
    Guiné
    Folhas de limeira
    Flores e folhas de laranjeira
    Flor do girassol
    Canela

OBS.: As ervas deverão ser colocadas em ± 3 litros de água fervida e depois coadas.

BANHO DE PROTEÇÃO PARA O FILHO DE OXUM

LUA: cheia
HORÁRIO: noturno
DIA DA SEMANA: sábado
ERVAS UTILIZADAS:
    Capim limão
    Cipó caboclo
    Cipó camarão
    Cipó bravo
    Lírio
    Oriri
    Oripepê
    Girassol

OBS.: As ervas deverão ser colocadas em ± 3 litros de água fervida e depois coadas.

BANHO DE PROTEÇÃO PARA OS FILHOS DO ORIXÁ OXOSSE

LUA: crescente
HORÁRIO: noturno
DIA DA SEMANA: quinta-felra
ERVAS UTILIZADAS:
    Quebra-tudo
    Levante
    Guiné
    Acácia-Jurema
    Alecrim do mato (também conhecido como Alecrim de Caboclo)
    Alfavaca do campo
    Alfazema de Caboclo

OBS.: As ervas deverão ser colocadas em ± 3 litros de água fervida e depois coadas.

BANHO DE PROTEÇÃO PARA OS FILHOS DE XANGÔ

LUA: crescente
HORÁRIO: noturno
DIA DA SEMANA: quarta-felra
ERVAS UTILIZADAS:
    Betis cheiroso
    Dandá da costa
    Cipó mil homens
    Quebra-tudo
    Guiné
    Levante
    Palmas de São José
    Girassol
OBS.: As ervas deverão ser colocadas em ± 3 litros de água fervida e depois coadas.

BANHO DE PROTEÇÃO PARA OS FILHOS DO ORIXÁ IEMANJÁ

LUA: crescente
HORÁRIO: noturno
DIA DA SEMANA: sábado
ERVAS UTILIZADAS:
    Mel
    Girassol
    Palmas de São José
    Alfazema
    Brilhantina
    Guiné
    Levante
    Açoita cavalo
OBS.: As ervas deverão ser colocadas em ± 3 litros de água fervida e depois coadas.

BANHO DE PROTEÇÃO PARA OS FILHOS DE OMOLU

LUA: crescente
HORÁRIO: noturno
DIA DA SEMANA: segunda-feira
ERVAS UTILIZADAS:
    Guiné
    Saco-saco
    Cordão de frade
    Vassourinha de relógio
    Rosas brancas
    Flores de angélica
    Palmas de São José
    Palmas de Santa Catarina
OBS.: As ervas deverão ser colocadas em ± 3 litros de água fervida e depois coadas.

BANHO DE PROTEÇÃO PARA OS FILHOS DE IEMANJA

LUA: crescente
HORÁRIO: noturno
DIA DA SEMANA: sábado
ERVAS UTILIZADAS:
    Angélica
    Lírio
    Flores de laranjeira
    Jasmim
    Alfazema
    Manjericão
    Hortelã perfumada
    Água-pé
    Cravos brancos
    Rosas brancas
OBS.: As ervas deverão ser colocadas em ± 3 litros de água fervida e depois coadas.

BANHO DE PROTEÇÃO PARA OS FILHOS DO ORIXÁ OBÁ

LUA: crescente
HORÁRIO: noturno
DIA DA SEMANA: quarta-feira
ERVAS UTILIZADAS:
    Noz Moscada
    Palmas de Santa Rita
    Macaçá
    Levante
    Cipó mil homens
    Quebra-tudo
OBS: As ervas deverão ser colocadas em ± 3 litros de água fervida e depois coadas.

BANHO DE PROTEÇÃO PARA OS FILHOS DO ORIXÁ OMOLU

LUA: crescente
HORÁRIO: diurno
DIA DA SEMANA: segunda-feira
ERVAS UTILIZADAS:
    Mel
    Noz Moscada
    Hortelã
    Água-pé
    Ouebra-tudo
    Rosas brancas
    Guiné
OBS.: As ervas deverão ser colocadas em ± 3 litros de água fervida e depois coadas.

BANHO DE PROTEÇÃO PARA OS FILHOS DE OXUM

LUA: nova
HORÁRIO: noturno
DIA DA SEMANA: sábado
ERVAS UTILIZADAS:
    Oripepê
    Oriri da Oxum
    Flores de cambará
    Guiné (pouco)
    Betis cheiroso
    Palmas de Santa Rita
    Palmas de São Jorge
    Quebra-pedra
OBS.: As ervas deverão ser colocadas em ± 3 litros de água fervida e depois coadas.

BANHO DE PROTEÇÃO PARA OS FILHOS DE OSSAYIN

LUA: cheia
HORÁRIO: noturno
DIA DA SEMANA: quinta-feira
ERVAS UTILIZADAS:
    Alecrim
    Manjerona
    Guiné
    Palmas de São José
    Coco de iri
    Erva cunaleira
    Guapo cheiroso
OBS.: As ervas deverão ser colocadas em ± 3 litros de água fervida e depois coadas.

BANHO DE PROTEÇAO PARA OS FILHOS DE OXUMARÊ

LUA: nova
HORÁRIO: noturno
DIA DA SEMANA: quinta-feira
ERVAS UTILIZADAS:
    Levante
    Guiné
    Manjericão
    Pinhão roxo
    São Gonçalinho
    Água-pé
    Lírios brancos
    Jasmim
OBS.: As ervas deverão ser colocadas em ± 3 litros de água fervida e depois coadas.

BANHO DE PROTEÇÃO PARA OS FILHOS DO ORIXÁ OBALUAYÊ

LUA: cheia
HORÁRIO: diurno
DIA DA SEMANA: segunda-feira
ERVAS UTILIZADAS:
    Avenca
    Hortell (perfumada - graúda)
    Levante
    Manjericão
    Poejo
    Guiné
    Cravo da Índia
OBS.: As ervas deverão ser colocadas em ± 3 litros de água fervida e depois coadas.

BANHO DE PROTEÇÃO PARA OS FILHOS DE OGUM DE RONDA

LUA: nova
DIA DA SEMANA: terça-feira
HORÁRIO: diurno
ERVAS UTILIZADAS:
  Espada de São Jorge
  Folha de Araçá
  Folha de coqueiro
  Cipó cabeludo
  Arruda macho
  Arruda fémea
  Guiné
  Levante

OBS.: As ervas deverão ser colocadas em ± 3 litros de água fervida e depois coadas.

BANHO DE PROTEÇÃO PARA OS FILHOS DE OGUM MARINHO

LUA: crescente
DIA DA SEMANA: terça ou quinta-feira
HORÁRIO: diurno
ERVAS UTILIZADAS:
  Espada de São Jorge
  Palmas de São José
  Arruda fêmea
  Arruda Macho
  Água-pé
  Guiné
  Levante
  Água-pé
  Guiné
  Levante

OBS.: As ervas deverão ser colocadas em ± 3 litros de água fervida e depois coadas.

BANHO DE PROTEÇÃO PARA OS FILHOS DE OGUM DELÊ

LUA: cheia
DIA DA SEMANA: terça e quinta-feira
HORÁRIO: Noturno
ERVAS UTILIZADAS:
    Espada de São Jorge
    Arruda Macho
    Arruda Fêmea
    Guiné
    Levante
    Água-pé
    Palmas de São José

OBS.: Quando se usa a Espada de São Jorge nos banhos, deve-se cortar essa folha em 7 pedaços.
As ervas deverão ser colocadas em ± 3 litros d'água fervida e depois coadas.

BANHO DE PROTEÇÃO PARA OS FILHOS DE OGUM MEJÊ

LUA: crescente
DIA DA SEMANA: terça ou quinta-feira
HORÁRIO: noturno
ERVAS UTILIZADAS:
    Espada de São Jorge
    Levante
    Guiné
    Arruda Macho
    Arruda Fêmea
    Cipó Cabeludo
    Folha de Coqueiro
    Folha de Araçá

OBS.: As ervas deverão ser colocadas em ± 3 litros d'água fervida e depois coadas

BANHO DE PROTEÇÃO PARA OS FILHOS DO ORIXÁ TEMPO

LUA: crescente
HORÁRIO: noturno
DIA DA SEMANA: quinta-feira
ERVAS UTILIZADAS:
 Gameleira
 Genipapo
 Manjericão roxo
 Mangue vermelho
 Mangue cebola
 Mastruço
 Panacéia
 Parietária vidro
 Pau d'alho
OBS: As ervas deverão ser colocadas em ± 3 litros de água fervida e depois coadas.

BANHO DE ATRAÇÃO PARA OS FILHOS DE IANSÃ

LUA: crescente
DIA DA SEMANA: quarta-feira
HORÁRIO: noturno
ERVAS UTILIZADAS:
 Angélica
 Cipó cruz
 Carobinha
 Capim cidrão
 Rubi
 Espinheira santa
 Cordão do frade
OBS.: As ervas deverão ser colocadas em ± 3 litros de água fervida depois coadas.

BANHO DE ATRAÇÃO PARA OS FILHOS DE IEMANJÁ

LUA: nova
DIA DA SEMANA: sábado
HORÁRIO: noturno
ERVAS UTILIZADAS:
    Tapete de Oxalá
    Angélica
    Capim santo
    Guiné pipiu
    Alfazema
    Eucalipto
    Bicão da praia
    Alecrim do campo
OBS.: As ervas deverão ser colocadas em ± 3 litros de água fervida e depois coadas.

BANHO DE ATRAÇÃO PARA OS FILHOS DE OXUM

LUA: crescente
DIA DA SEMANA: sábado
HORÁRIO: noturno
ERVAS UTILIZADAS:
    Picão da Praia
    Um pouco de perfume de boa qualidade
    Eucalipto
    Jurema
    Alfazema
    Guiné pipiu
    Água da cachoeira colhida em noite de
      Lua Nova (um pouco)
    Vassourinha de relógio
OBS.: As ervas deverão ser colocadas em ± 3 litros de água fervida e depois coadas.

BANHO DE ATRAÇÃO PARA OS FILHOS DE OXOSSE

LUA: crescente
DIA DA SEMANA: quinta-feira
HORÁRIO: diurno
ERVAS UTILIZADAS:
    Manjericão
    Eucalipto
    Samambaia do campo
    Jurema
    Guiné
    Cipó caboclo
    Cipó cruz

OBS.: As ervas deverão ser colocadas em ± 3 litros de água fervida e depois coadas.

BANHO DE ATRAÇÃO DO ORIXÁ OXUM

LUA: nova
DIA DA SEMANA: sábado
HORÁRIO: até 9 horas da manhã
ERVAS UTILIZADAS:
    Oripepê
    Macaçá
    Colônia
    Levante
    Abre caminhos
    Folha da costa
    Água de cachoeira colhida em noite de lua cheia
    6 pétalas de rosa branca
    6 pétalas de cravo branco

OBS.: As ervas deverão ser colocadas em ± 3 litros de água fervida e depois coadas. Ao final do banho dizer a seguinte frase:

"Oh! Grande Mãe D'Água Poderoso Orixá Oxun, assim como os astros giram, as estrelas brilham, o Sol e a Lua iluminam, assim esse banho tem as virtudes que eu desejo. "

Este banho é próprio para o sexo feminino e deve ser tomado 3 dias seguidos: sexta, sábado e domingo, da cabeça aos pés.

BANHO DE DESCARGA PARA OS FILHOS DE OGUM WARI

LUA: minguante
DIA DA SEMANA: terça-feira
HORÁRIO: noturno
ERVAS UTILIZADAS:
    Espada de São Jorge
    Guiné
    Arruda Macho
    Arruda fêmea
    Cipó Mil Homens
    Quebra tudo
    Levante
OBS.: As ervas deverão ser colocadas em ± 3 litros de água fervida e depois coadas.

BANHO DE DESCARGA PARA OS FILHOS DE OGUM NARUÊ

LUA: crescente, cheia e nova
DIA DA SEMANA: terça-feira
HORÁRIO: diúrno
ERVAS UTILIZADAS:
    Espada de São Jorge
    Guiné
    Arruda Macho
    Arruda Fêmea
    Cipó Mil Homens
    Quebra-Tudo
    Levante
    Folhas de Mangueira
OBS.: As ervas deverão ser colocadas em ± 3 litros d'água fervida e depois coadas.

BANHO DE DESCARGA PARA OS FILHOS DE IANSÃ

LUA: minguante
DIA DA SEMANA: sábado
HORÁRIO: noturno
ERVAS UTILIZADAS:
    Espada de São Jorge
    Açoita cavalo (casca)
    Levante
    Guiné
    Arruda Macho
    Alfazema
    Palmas de São José
    Girassol
OBS.: As ervas deverão ser colocadas em ± 3 litros d'água fervida e depois coadas.

BANHO DE DESCARGA PARA OS FILHOS DE IANSÃ
II

LUA: minguante
DIA DA SEMANA: segunda-feira
HORÁRIO: noturno
ERVAS UTILIZADAS:
    Espada de São Jorge (2 tipos)
    Girassol
    Palmas de São José
    Guiné
    Levante
    Arruda Macho
    Quebra-tudo
    Cipó Mil Homens
OBS.: Este banho de descarga só pode ser usado por homens.
    As ervas deverão ser colocadas em ± 3 litros d'água fervida e depois coadas.

BANHO DE DESCARGA PARA OS FILHOS DO ORIXÁ OXUMARÊ

LUA: minguante
HORÁRIO: diurno
DIA DA SEMANA: quinta-feira
ERVAS UTILIZADAS:
    Araçá do campo
    Arruda macho
    Capeba
    Cabelo de milho
    Palmeira brava
    Guiné
    Levante
    Girassol
OBS.: As ervas deverão ser colocadas em ± 3 litros de água fervida e depois coadas.

BANHO DE DESCARGA PARA OS FILHOS DE OXOSSE

LUA: minguante
DIA DA SEMANA: quinta-feira
HORÁRIO: noturno
ERVAS UTILIZADAS:
    Cedro rosa
    Açoita-cavalos
    Umbaúba
    Camboim
    Cipó-ferro
    Arruda macho
    Arruda fêmea
    Guiné
    Levante
    Quebra-tudo
    Desata nó
    Espada de São Jorge
OBS.: As ervas deverão ser colocadas em ± 3 litros de água fervida e depois coadas.

BANHO DE ABERTURA DE CAMINHOS DOS FILHOS DO ORIXÁ OBALUAYÊ

LUA: crescente
HORÁRIO: diurno
DIA DA SEMANA: segunda-feira
ERVAS UTILIZADAS:
    Assa-peixe
    Ouebra-tudo
    Arruda macho
    Guiné
    Gervão
    Levante
    Folhas de Girassol
    Palmas de Santa Catarina
OBS.: As ervas deverão ser colocadas em ± 3 litros de água fervida e depois coadas.

BANHO PARA OS FILHOS DE XANGÔ PARA FORTALECIMENTO DA CABEÇA

LUA: nova
DIA DA SEMANA: quarta-felra
HORÁRIO: noturno
ERVAS UTILIZADAS:
    Água de Chuva
    Macaçá
    Levante
    Manjericão
OBS.: As ervas deverão ser colocadas em ± 3 litros d'água fervida e depois coadas.

BANHO DE FORTALECIMENTO DA CABEÇA PARA OS FIIHOS DE OXALÁ

LUA: nova
DIA DA SEMANA: sexta-feira
HORÁRIO: noturno
ERVAS UTILIZADAS:
      Lírio do brejo
      Rosas brancas
      Cravos brancos
      Malícia de mulher
      Palha de arroz
      Erva Capitão
      Girassol
      16 gotas de Verbena

OBS.: As ervas deverão ser colocadas em ± 3 litros d'água fervida e depois coadas.

Este banho deve ser tomado da cabeça aos pés. Ás ervas utilizadas devem ser jogadas no rio. Este banho favorece o amor, a união, o casamento e também assuntos de ordem financeira.

BANHO PARA OBTER SORTE DO CABOCLO COBRA CORAL

LUA: crescente
DIA DA SEMANA: sábado
HORÁRIO: diurno
ERVAS UTILIZADAS:
      Alecrim do campo
      Cinco Chagas
      Nêga mina
      Erva zumbi
      Filha de Mil Homens
      Guiné
      Cipó caboclo

OBS.: Estas ervas serão fervidas e após o banho serão colocadas na mata.

BANHO DE SORTE DO CABOCLO ARRANCA TOCO

LUA: crescente
DIA DA SEMANA: sábado
HORÁRIO: noturno
ERVAS UTILIZADAS:
    Capim santo
    Cipó cruz
    Água de cachoeira colhida em dia de Lua Nova
    6 colheres de mel

OBS.: As ervas deverão ser colocadas em ± 3 litros de água fervida e depois coadas.

BANHO DE DESCARGA DO PAI REI DO CONGO

LUA: minguante
DIA DA SEMANA: segunda-feira
HORARIO: até às 12 horas
ERVAS UTILIZADAS:
    Ervas de Congo
    Bem-com-Deus
    Guararema
    Guiné
    Espada de São Jorge
    Arruda
    Rosa Vermelha
    Pepino
    Erva Caminho Duro
    Erva de Zumbi

OBS.: Este banho só pode ser tomado do pescoço aos pés. As ervas utilizadas devem ser colocadas em um rio ou na mata.

As ervas deverão ser colocadas em ± 3 litros d'água fervida e depois coadas.

BANHO DE DESCARREGO DE PAI JOÃO DE ARUANDA

LUA: minguante
DIA DA SEMANA: segunda-feira
HORÁRIO: noturno
ERVAS UTILIZADAS:
 Arruda macho
 Arruda fêmea
 Sal grosso
 3 gotas de amônia

OBS.: As ervas deverão ser colocadas em ± 3 litros de água fervida e depois coadas. Este banho é feito morno e a pessoa deve tomar no mínimo 7 banhos, diariamente. Após cada banho trocar roupas limpas.

BANHO DE OGUM XOROQUÊ PARA AFASTAR INIMIGOS

LUA: crescente
DIA DA SEMANA: quinta-feira
HORÁRIO: diurno
ERVAS UTILIZADAS:
 Tira teima
 Espada de São Jorge
 Guiné Pipiu
 Abre-caminho
 Alecrim do campo
 Arruda Macho
 Capim de São Jorge
 Rosas vermelhas
 Cravos vermelhos

OBS.: As ervas deverão ser colocadas em ± 3 litros d'água fervida e depois coadas.

Este banho deve ser tomado do pescoço aos pés. As ervas acima relacionadas deverão, depois de secas, ser queimadas em um brazeiro em uma terça-feira ao meio-dia acrescentando-se incenso.

BANHO DO ORIXÁ OGUM PARA ABERTURA DE CAMINHOS

LUA: crescente
HORÁRIO: noturno
DIA DA SEMANA: terça-feira
ERVAS UTILIZADAS:
    Celidônia
    Lágrimas de N. Senhora
    Narciso dos jardins
    Obi ralado
OBS: As ervas deverão ser colocadas em ± 3 litros de água fervida e depois coadas.

BANHO DE OGUM PARA AFASTAR OLHO GRANDE

LUA: crescente
DIA DA SEMANA: terça-feira
HORÁRIO: Noturno
ERVAS UTILIZADAS:
    Alfazema
    Tapete de Oxalá
    Folha do inhame
    Samambaia do campo
    Capim-santo
    Pichurim
    Capim rosário
    Pétalas de cravo vermelho
OBS.: As ervas deverão ser colocadas em ± 3 litros de água fervida e depois coadas.

BANHO DE NANÃ PARA CURAR FERIDAS

LUA: minguante
DIA DA SEMANA: segunda-feira
HORÁRIO: diurno
ERVAS UTILIZADAS:
    Carobinha
    Capim santo
    Erva de bicho
    Guiné pipiu
    Picão da praia
    Alecrim do campo
    Manjericão
    Alfazema
    Rosas brancas

OBS.: As ervas deverão ser colocadas em ± 3 litros de água fervida e depois coadas.

BANHO DE OBALUAIÊ: PARA CURAR COÇEIRAS E FERIDAS

LUA: minguante
DIA DA SEMANA: segunda-feira
HORÁRIO: diurno
ERVAS UTILIZADAS:
    Arruda macho
    Tapete de Oxalá
    3 punhados de enxofre em pó
    Guiné
    Alecrim do campo
    Caroba
    Carobinha
    1 espiga de milho cortada em 8 pedaços

OBS.: As ervas deverão ser colocadas em ± 3 litros de água fervida e depois coadas.

BANHO DE DESCARGA PARA CURAR PROBLEMAS DE VISTA (ORIXÁ NANÃ)

LUA: minguante
HORÁRIO: noturno
DIA DA SEMANA: sábado
ERVAS UTILIZADAS:
        Levante
        Guiné
        Hortelã pimenta
        Salsa
        Aipo

OBS.: Antes do banho embeber um algodão e passar nas partes afetadas.

As ervas deverão ser colocadas em ± 3 litros de água fervida e depois coadas.

BANHO DE DESCARGA PARA CURAR COCEIRAS E DERMATOSES

LUA: minguante
HORÁRIO: diurno
DIA DA SEMANA: segunda-feira
ERVAS UTILIZADAS:
        Carobinha do campo
        Cebola do mato
        Cipó chumbo
        Douradinha do campo
        Espinheira santa
        Figo Benjamim

OBS.: As ervas deverão ser colocadas em ± 3 litros de água fervida e depois coadas.

BANHO DE DESCARGA PARA ACALMAR O SISTEMA NERVOSO

LUA: minguante
HORÁRIO: diurno
DIA DA SEMANA: segunda-feira
ERVAS UTILIZADAS:
    Piteira imperial
    Kitôco
    Sabugueiro
    Rabo de tatu
    Urtiga mamão
    Angélica
    Zanga
    Brio de estudante
    Alumã
OBS.: As ervas deverão ser colocadas em ± 3 litros de água fervida e depois coadas.

BANHO PARA ENCONTRAR COISAS PERDIDAS SOBRE A PROTEÇÃO DE XANGÔ

LUA: cheia
DIA DA SEMANA: quarta-feira
HORÁRIO: diurno
ERVAS UTILIZADAS:
    Samambaia
    Paticholi
    Tapete de Oxalá
    Eucalípto
    Picão da praia
    Barba de velho
    Guiné
    Alfazema
    Pichurim
OBS.: As ervas deverão ser colocadas em ± 3 litros de água fervida e depois coadas.

BANHO PARA ENCONTRAR COISAS PERDIDAS

LUA: nova
HORÁRIO: noturno
DIA DA SEMANA: sexta-feira
ERVAS UTILIZADAS:
    Erva cidreira
    Rosas brancas
    Jasmim
    Lírios
    Palmas de São José
    Guiné (pouco)

OBS.: As ervas deverão ser colocadas em ± 3 litros de água fervida e depois coadas.

APÊNDICE

APPENDICE

CONCEITO DE BANHO – TRADIÇÃO E CONTEÚDO MÁGICO

Quincas Guaporé

Banho, ablução, lavagem de todo o corpo ou parte dele. Água que purifica, que descarrega as sujidades, impurezas materiais. O pensamento humano não se conteve, foi mais além: inventou o banho de *purificação astral* – existe isso? *Banho de limpeza, banho de descarrego, banho de proteção.* Dê asas e o pensamento humano vai longe... Desconheço literatura específica em nossa língua, trabalho fundamentado sobre o banho. Notas esparsas, citações aqui e ali abordando o assunto pela tangente, tenho lido em livros vários. Escrito de fôlego, jamais tive oportunidade de compulsar. Se bem examinado, o tema banho é assunto palpitante, sobretudo porque a ação de banhar-se está ligada às mais caras e ricas tradições de usos e costumes de todos os povos, desde a mais remota antigüidade. Nem de longe posso imaginar o povo esquimó habitando as ilhas árticas da Groenlândia, mesmo vivendo em meio ao eterno gelo, sem participar da doce deilícia que para nós tropicanos representa o banho. Admitir que vivam os esquimós em sujeira, não posso. Há de haver meios e modos de como essa gente possa, ao largo do tempo, manter os poros livres para a necessária oxigenação da pele e dos músculos. Reconheço que isso é problema da gente que habita o Pólo Norte, não meto minha colher nesta seara, mas continuo admitindo que, se nós procuramos no banho uma forma de aliviar impurezas *refrescando* o corpo, nossos irmãos do ártico, no mínimo, têm lá a sua maneira de higienizar-se, ainda que *esquentando* a estrutura muscular. Importa, sim, a constatação de que é preciso que alguém, algum estudioso, pesquisador do inusitado, se interesse pelo assunto e elabore um trabalho básico, fundamentado, digamos um *vade mecum* sobre a tradição do banho; livro que fique disponível como fonte de referência. A bem da verdade, devo confessar que já passou pelas minhas mãos em tempo curto de poucos minutos um calhamaço de mais de trezentas páginas datilografadas, pesquisa invejável que mostra rigorismo e dedicação de um estudioso que não mediu esforço e sacrifício no esmiuçar tudo que já foi dito e escrito sobre o banho, a partir dos assírios, chineses, egípcios, gregos e romanos até os dias atuais. Difícil explicar como um trabalho tão sério, que imagino consumiu horas, dias, semanas, meses e, possivelmente, anos, como o que realizou o escritor sociólogo *doublé* de babalorixá, Nívio Ramos Sales continue inédito, por quê? Será que no Brasil inexiste editor capaz de bancar a edição de um livro que penetra fundo na problemática do banho, considerando a riqueza de minúcias históricas num leque que abrange o prazer, a magia, o afrodisíaco, a religiosidade, o pitoresco, a crendice e tabus nas suas formas mais variadas? Pois é, ao que eu saiba a pesquisa do Nívio continua inédita. Dele cobrei a publicação do livro, exatamente em setembro de 86, dois anos depois que depositou nas minhas mãos, por alguns instantes, os originais do seu competente livro. Como sou previdente no que diz respeito a anotação de dados desconhecidos de temas que me apaixonam, pude, naquele mês de agosto de 84, enquanto o autor atendia a uma visita inesperada numa manhã de sábado no terreiro do Engenho Pequeno, pude, e não perdi tempo, colher alguns dados curiosos para mim até então desconhecidos. Anotei pouco mais que meia dúzia de fatos e episódios significativos, aos quais mais de uma vez tenho recorrido como fonte de informação.

Para este pequeno escrito que o editor da Pallas me solicita, um apêndice com o qual pretende complementar a edição de livro sobre *Banho de Descarga* (e o autor da obra vai gostar?), não tenho como deixar de recorrer aos apontamentos que fiz no meu caderninho: os exatos dados que o Nívio foi compilando, comentando e enriquecendo na sua valiosa (lamentavelmente inédita) pesquisa. Mesmo sem a prévia autorização do competente sociólogo, mais que sociólogo, meu irmão vizinho de terras nordestinas, ouso divulgar elementos que de outra maneira me seriam trabalho penoso para encontrá-los. Suponho que este *abuso* de confiança há de ser tolerado pelo amigo, quando menos que aqui fique registrada a presença entre nós de um perquiridor de rico filão, dos usos e costumes de povos que os estudos de história e sociologia jamais poderiam esquecer.

* * *

Banho: água ou qualquer outro líquido que o humano utiliza como meio de aliviar do corpo todo tipo de impureza. Segundo os melhores conselhos médicos, o banho de higiene deve ser tépido. No meu tempo de criança muitas vezes dexei de levar em conta os sábios conselhos da avó Meranda:
"Menino, quebra a frieza dessa água!"
Recomendação mais que justa, para quem arrastava defluxo de três dias com perigo de transformá-lo em pneumonia.

A sabedoria popular, que caminha na corrente da oralidade, tem lá a sua *ciência,* os seus *porquês.*

Banho frio, sobretudo o de cuia, deve ser de curta duração, isto se o paciente *não vai lá bem das pernas,* ainda mais se o banho acontece em recinto fechado e úmido. Banho bom, banho da alegria e da animação – o da chuva que cai nos dias de verão calorento. Dar um *banho,* façanha que pode tornar você um ídolo, o *cartaz* do dia.

Pode acreditar: o jovem casal de equatorianos *deu um banho* nos sete mil atletas que participaram da Corrida de São Silvestre na noite de 31 de dezembro de 87, na cidade de São Paulo.

Os banhos termais, luxo a que se dava a elite romana, requinte dos anos dourados do poderoso Império. Nas termas romanas vicejavam a intriga, a conspirata; e a maledicência de todos os dias derrubava reputação de cortesã sombra de deusa. Nos grandes estabelecimentos termais, o privilégio de romanos donos do poder e seus áulicos assegurava as quatro modalidades de banhos, conforme a hora e a conveniência: o *caldarium,* banheirão de água quente; o *frigidarium,* outro banheirão de água fria, o *tepidarium,* banheirão cuja água era mantida a temperatura de transição (a nossa conhecida *quebrada-a-frieza)* e, finalmente, o *sudatorium,* qualquer coisa parecida com uma estufa onde se toma banho de calor. Esse tipo de banho foi, ao que parece, o avô da sauna hoje difundida.

Na Europa medieval era usual o banho medicamentoso. Para um grupo de pessoas adultas colocavam-se, numa grande tina cheia d'água, cinco quilos de sal grosso; para as crianças, não mais que um quilo. Eram tidos como tônicos (e está certo) – europeu na Idade Média não tinha o hábito de banhar-se nas límpidas águas do Mar do Norte, da Mancha, do Mediterrâneo e do Adriático. Banho de praia é coisa do século dezenove e com a competente receita do médico da família na mão, para que ninguém duvidasse. Mesmo possuidores das famosas *Termas de Abanos,* os italianos do século dezesseis preferiam o banho sulfuroso, assim: num balde grande, de muitos litros d'água, colocavam 100 gramas de trissulfureto de potassa (nada mais que o corriqueiro composto binário que possui três átomos de enxofre) – santo banho como protetor da pele. Não esquecer o banho sinapizado, em que você utiliza a mostarda, não como condimento alimentar, mas junta 50 gramas do pó em boa quantidade de água, para alívio de dores nas juntas.

Vi na minha meninice dos anos vinte a velha Brandina, criadeira de minha avó, negra-pretinha pretinha, na cabeça não mais que uma dúzia de pequeninos caracóis brancos, já vividos mais de 90 anos, preparando um escalda-pé com tal ingrediente, para debelar machucado no meu tornozelo... e que remédio!

O que mais me apaixona no vasculhar as coisas que fazem do banho tema de curiosidade, são exatamente os chamados *banhos de cheiro,* tal a variedade de aroma e o toque de magia que os envolvem.

"Banho de cheiro, banho. do mato, banho de ervas é uma tradição brasileira e secular. Mais no nordeste e norte que no centro e sul. Mais pelo litoral, e raramente para o interior, nota-se seu uso singular" – dessa maneira pontificou o entendido e saudoso amigo e mestre Câmara Cascudo.

Recordo a longa conversa que tomou toda a nossa tarde de 1º de janeiro de 1976 no seu casarão de Natal. Guardo a lembrança viva do *corninho* de metal cromado cuja extremidade fina, protegida por uma película de cortiça ele introduzia no ouvido direito (a surdez já então era quase total) e muito atento às minhas perguntas de curiosidade sobre os hábitos da indiada nativa que o branco-brasileiro-ocidental-europeu ainda não conseguiu liquidar de todo. A prosa de Cascudo versou na relação índio-mato, e foi uma aula que procurei grafar na memória, estúpido que fui em não ter levado a tiracolo meu pequeno gravador. Na memória as pinceladas mais vivas da sua envolvente fala em cascata ainda provocam estímulos, mas o seu saber exposto nas minúcias, os pequenos casos e os engraçados *causos* ficaram a merecer registro fiel... uma pena. Resta-me o poder de folhear sua vasta obra publicada, onde em livros diversos ele avançou no tema banho, com destaque para a análise do amálgama ocorrido no processo de aculturação para o qual contribuíram etnias tão distintas: branco europeu, negro africano, índio nativo. Freqüentando catimbós, colhendo material legítimo, dialogando com os maiorais dessa credice, Cascudo afirma que jamais conseguiu encontrar relação medicamentosa no banho de cheiro, mas, sem dúvida, tais banhos carregam a lembrança de um mestre (entidade, nume tutelar, protetor, pergunto eu) que *ajuda a limpeza,* confirmando que alguns praticantes mais *entendidos* chegam a afirmar que em Belém do Pará o banho de cheiro *tem realmente preparos* verdadeiros (se os tem então *descarrega,* fica patente para os pajés do Catimbó).

Muito antes de radicarem-se nas terras brasílicas, o alecrim, a arruda, o manjericão, a manjerona e o alho faziam das suas na Europa como ervas aromatizantes, benéficas e refrescantes para o corpo; mas não só para isso, o poder mágico da infusão dessas cinco espécies também afastava o mau-olhado. Se lá nas europas essa mistura foi e é empregada para lavagem de soleiras e batentes, aqui entre nós serve para combater a *panema* que persegue o pobre diabo que é infeliz na caça, infeliz na pesca, cabra caipora perseguido pelo azar... cruz credo, *vade retro* satanás!

Para você não perder a caminhada, depois dos selecionados banhos de descarga que o autor Ariomar Lacerda enfeixou neste livrinho, a seguir vão mais alguns, a título de sobremesa. Sirvam-se, é válido tentar.

BANHO DE DESCARGA (INFUSÃO)

São banhos cujo preparo se dá pelo processo de infusão, isto é, as ervas nem sempre vão ao fogo juntamente com a água, tampouco são maceradas para extrair-se-lhes a seiva. Daremos aqui, seguidamente, alguns desses banhos de infusão, de fácil preparo:

Num pequeno garrafão de vinho, depois de bem lavado, coloque pequenos pedaços de *alecrim, guiné, arruda, alfazema, benjoim, incenso* e *mirra*, numa quantidade correspondente a uma quarta parte do garrafão; feita esta operação, adicione uma garrafa de aguardente (marafo) da melhor qualidade e deixe fermentar durante 15 dias; não precisa tampar o garrafão, a entrada de ar favorece o processo de decantação das ervas depositadas. Findo esse prazo o líquido (marafo) está mais rico – energizado e aromatizado, de vez que de cada um dos componentes (ervas) extraiu o seu potencial de energia odorífica. A seguir, despeje o conteúdo do garrafão num vasilhame grande, tendo o cuidado de usar uma peneira bem lavada e esterilizada em água fervente. Depois de passado todo o líquido, o que restou na peneira você deposita num saquinho e despacha num riacho, rio ou mesmo num matagal não contaminado de lixo. Agora, ao vasilhame contendo a infusão, adicione quatro litros d'água ligeiramente morna, *quebrada-a-frieza*, como geralmente se diz. Tudo pronto, é banho para o começo do dia, logo após o despertar e ainda em jejum. Uma vez por mês é prática benéfica, afasta de seu físico os maus fluidos e lhe dá tamanha sensação de limpeza que melhora e mantém elevado o seu astral. Tome esse banho após o banho comum com sabonete, ele é como se fosse a ação de enxagüar o corpo, eliminando de vez pequenos resíduos maléficos. Ao banhar-se massageie todo o corpo com a mão em forma de concha e um pouco do líquido, de maneira que não fique uma só pequena parte do corpo sem receber a ação benéfica do banho-infusório que se faz sobre a proteção de Oxalá. Este é um de seus banhos.

II

Usando-se do mesmo processo de preparo, o respeito a todos os requisitos citados no banho anterior (de Oxalá), você pode preparar um outro banho valendo como *descarga* e *firmeza*. Favorece a realização de prazeres fúteis, para muitos indispensáveis no viver diário.

Então, num garrafão como já foi dito, você coloca boa quantidade de pétalas de rosas vermelhas (uma dúzia de rosas grandes), e outro tanto de pétalas de flores cor de vinho. Esse banho pode ser tomado por mulher ou homem, independentemente de filiação religiosa; entretanto, os umbandistas costumam denominar o banho de pétalas vermelhas (pelo processo de infusão) como banho de Pomba-Gira, em virtude da vinculação desse banho aos prazeres lúbricos que excitam os sentidos.

III

Como se sabe, as crianças, dada a aproximação quase constante com pessoas adultas (anotem o contato físico prolongado de crianças pequenas com suas mães, vovós, ti tias, babás, etc.) ficam sujeitas às influências das emanações vibratórias negativas que tais adultos possam emitir. Então, como defesa e sobretudo descarrego dessas influências nocivas sobre o astral dos pequeninos, recomenda-se o banho que abaixo transcrevemos:

Trata-se de um banho leve, rico e protetor do corpo e mente das crianças. Anote: pegue um total de seis rosas, sendo três de cor branca e três cor-de-rosa. Num litro de vidro branco coloque as pétalas das seis rosas, em seguida mais três galhinhos de arruda e três pedrinhas de sal grosso, feito isso deposite no litro um copo de boa aguardente de garrafa ainda não usada, isto é, você destampa a garrafa de aguardente e dela separa um copo, o restante da aguardente que sobra na garrafa pode fazer dele o uso que quiser, o importante é separar o tanto da garrafa ainda virgem para o preparo da infusão. Despeje o conteúdo do copo no litro e agite um pouco, de modo que as pétalas e os pedacinhos dos galhos de arruda se acomodem no fundo do litro, submersos no líquido. Não tampe com rolha de cortiça ou outro material qualquer. Faça o seguinte: pegue um guardanapo branco (ou um pedaço de algodãozinho), com ele envolva a garrafa de maneira que a boca fique apenas protegida da penetração de corpo estranho – poeira, ciscos, insetos, etc. Assim protegida, deixe a garrafa durante 12 dias (3 dias para cada elemento utilizado na infusão: pétalas de rosas, arruda, sal) sobre a ação do tempo, num telheiro ou canto de varanda, ao ar livre, entretanto ao abrigo do sol e da chuva. Durante os doze dias, ao acordar e quando anoitecer, dê um leve agito na garrafa, não mais que1 0 a 15 segundos; você pode ir agitando e contando mentalmente de 1 a 15. Essa prática é importante porque favorece a dinamização do lfquido no processo enriquecedor de catalização dos ingredientes associados, energizando e aromatizando o infusório. Terminado o período de infusão, adicione água fervida até dois terços da garrafa; agora sim, você tampa com o próprio polegar (lave a mão com sabonete) e agita o conteúdo durante três minutos, de maneira a homogeinizar o lfquido infusório à água que foi posteriormente adicionada. Num recipiente (bacia ou balde) bem lavado, isento de sujidade (o certo é após lavado com água corrente despejar-se um pouco de álcool e uma chaleira de água fervente) você deposita aproximadamente quatro litros de água fervida; quando estiver ligeiramente morna, através de uma peneirinha também esterilizada, vá coando diretamente da garrafa (para a bacia ou balde) a infusão pronta, rica de energia limpadora de mazelas, agradavelmente aromatizada. Está pronto o banho de limpeza e proteção da mente e do corpo infantil. Após o banho normal de higiene vai-se despejando da cabeça aos pés o rico líquido de alívio e proteção. Você pode chamá-lo de banho rico astral infantil.

IV

Para concluir esta série, prepare o seguinte banho: arruda (3 galhos), alecrim, guiné, sal grosso (9 pedras das maiores).
Obs.: este banho, muito simples, seu preparo não exige fervura das ervas. Prepare-o do seguinte modo: pique as três ervas dentro de um vasilhame e junte um pouco d'água, em seguida maceram-se as ervas, dela extraindo o sumo. A este sumo (depois de coado em peneira), juntam-se três litros d'água e um punhado de sal grosso. Com uma colher de pau (ainda não usada), mexe-se o conteúdo o suficiente para dissolver o sal. Pronto o banho, escolha de preferência os horários das seis da manhã ou à noitinha, dezoito horas, mais indicados segundo a lógica

cabalística. Deixe o líquido correr pelo corpo, a partir do pescoço, caindo diretamente no ralo. No caso de usar bacia despeje o que sobrou do banho num riacho, córrego ou rio.

Recomendado para quem se sente atingido por pequenos azares, perda de amizade, agressões verbais de vizinhos ou colegas de trabalho. Você pode tomar sucessivos banhos (três mensalmente), nada contra-indica, pelo contrário, é benéfico.

BANHO PARA TER BONS SONHOS

Manjericão
Levante
Rosa branca
Alfazema
Flores de laranjeira
Palma de Santa Rita (de cor rosa)

Obs.: lave as ervas em água corrente até que fiquem bem limpas de impurezas. Ponha uma vasilha para ferver com quatro litros d'água. Quando o líquido estiver em ebulição vá jogando uma a uma as ervas na ordem acima descrita. Com uma colher de pau virgem dê várias mexidas até que a água tome coloração esverdeada. Nesse ponto o sumo das ervas vai se transferindo para a água. Tampe a vasilha, apague o fogo e deixe a infusão esfriar. Adicione um pouco de Água de Rosas alguns minutos antes do banho, que deve acontecer na hora que você for dormir. Não se enxugue, vista camisola ou pijama limpo, tirado da gaveta, e jamais esqueça a importância do pensamento positivo. Bote sua cabeça no travesseiro com a mente centrada nas coisas agradáveis que tanto deseja... e muitos bons sonhos. Use a mesma roupa para dormir durante sete dias. Boa sorte.

BANHO CONTRA MAU-OLHADO

Comigo Ninguém Pode
Casca de Alho
Arruda
Guiné Caboclo
Palma de Santa Rita (vermelha)

Obs.: use a arruda (fêmea) se o banho é para homem. Lavar bem as ervas em água corrente, parti-las em pedaços e fervê-las em três a quatro litros d'água. Depois de esfriar e coar, ponha uma pitada de sal grosso. Banho do pescoço para baixo. Terminado o banho, acenda uma vela para o seu anjo-da-guarda; ao lado coloque um copo com água. Quando a vela queimar até o fim e apagar pegue o copo e *despache* a água no mato, rio ou num canto reservado (muro de quintal ou paredão).

BANHO PARA ALCANÇAR O QUE SE DESEJA

Flores brancas (mariquinhas)
Levante
Alfazema
Flores de laranjeira
Palma de Santa Rita (cor rosa)

Obs.: primeiro lavar bem as ervas em água corrente, depois parti-las em pedaços, pondo tudo a ferver em três a quatro litros d'água. Quando esfriar, coe a infusão e pingue sete gotas de Colônia de Alfazema. Tomar o banho do pescoço para baixo pouco antes de sair de casa. Não use toalha, deixe o corpo secar normalmente sob a roupa que vai usar. Antes de sair, durante um minuto, mentalize fortemente naquilo que você deseja alcançar. Este banho pode ser repetido semanalmente, até que aconteça o que se deseja.

BANHO PARA AFASTAR OS INVEJOSOS

Alecrim
Levante
Manjerona
Comigo Ninguém Pode (pequeno pedaço)

Obs.: depois de lavadas as ervas em água corrente, picá-las e pôr a ferver em aproximadamente quatro litros d'água. Quando a infusão esfriar, use uma peneira e coe; depois adicione pequena quantidade de sal grosso. Tomar o banho (do pescoço para baixo) pouco antes de ir dormir. Não use toalha, deixe o corpo secar um pouco, vista a camisola ou pijama ainda com o corpo ligeiramente úmido. É importante que a roupa fique impregnada dos odores das ervas, isto é benéfico. Use a mesma roupa durante uma semana. De um dia para o outro, de preferência guardar a camisola ou pijama numa sacola, separando-as de outras peças que se guardam no armário. Este banho pode ser repetido tantas vezes quanto desejar. Faz bem ao corpo, à mente e afasta a influência dos pensamentos invejosos em relação à sua boa sorte.

BANHO DE DESCARGA DE EXU

Beladona
Arruda
Guiné Pipiu
Espada de São Jorge
Manjericão
Erva Pombinha

Obs.: se o banho é para homem convém usar a arruda fêmea. A Espada de São Jorge pode ser substituída pela Lança de Ogum, se o banho vai ser preparado para um filho de Ogum. Juntar as ervas, lavá-las em água corrente, picá-las em pedaços e fervê-las em três a quatro litros d'água. Deixar esfriar e coar. Banho do pescoço para baixo.

BANHO DE DESCARGA DE TRANCA RUAS

Espada de São Jorge
Comigo Ninguém Pode
Amendoeira
Morcegueira
Arrebenta Cavalo
Guiné Caboclo
Arruda

Obs.: o dia indicado para este banho é segunda-feira. Se o banho é para mulher, usar a arruda macho; para homem, arruda fêmea. Picar as ervas em pequenos pedaços, fervê-las (depois de bem lavadas em água corrente). Quando esfriar, coar e banhar-se do pescoço para baixo.

BANHO DE POMBA GIRA

Guiné Caboclo
Amendoeira (flor)
Espada de São Jorge (de uma única cor)
Arruda
Vassourinha (flor)

Obs.: Se o banho é para mulher, usar arruda macho. Antes, lavar bem as ervas, depois fervê-las em três a quatro litros d'água. Deixar esfriar, coar e banhar-se dos ombros para baixo.

BANHO DE PAI JOÃO

Arruda (7 galhos)
Sal grosso

Obs.: pode-se afirmar que não há banho mais simples, menos trabalhoso e mais econômico que este. Apenas dois ingredientes a manipular. Faça assim: num vasilhame coloque quatro litros d'água e leve ao fogo. Quando em ponto de fervura vá jogando um a um os galhos de arruda. Sempre mexendo com uma colher de pau não usada, adicione três colheres (tamanho médio) de sal grosso. Tampe a vasilha e deixe ferver meia hora em fogo brando, tempo suficiente para a água ganhar coloração esverdeada e ficar aromatizada. Depois, sem destampar, deixe esfriar até ficar morninha, ponto ideal para tomar o banho a partir dos ombros para baixo. Tome sete banhos seguidos, tendo o cuidado de guardar os restos da arruda em saquinhos brancos (de cada banho) ao fim dos quais você joga os saquinhos num rio ou riacho. Após cada banho, acenda uma vela branca para a proteção de Ogum. Trata-se de banho para descarregar maus fluidos que inquizilam a pessoa. Você escolhe o dia, e a hora que vai iniciar os banhos, sempre a mesma para todos os banhos.

BANHO DE PRETO VELHO

Três rodelinhas de charuto (cortar bem fininhas)
Três galhos de arruda
Folhas de guiné
Rosa branca (pode ser três mariquinhas)

Obs.: Junte todas as ervas num recipiente limpo e adicione quatro litros d'água. Leve ao fogo e deixe ferver durante três minutos sem tampar a vasilha. Apague o fogo e só então tampa-se para que o processo infusório aconteça ao longo de uma hora, que é o tempo suficiente para que o líquido fique ligeiramente morno. Toma-se o banho logo que se sai da cama pela manhã, cedinho. É certo que esse banho de descarrego dobra a sua ação mágico-protetora se você prepará-lo na hora de dormir. A rigor, você deve esperar que ele esfrie, em seguida destampar a vasilha e deixá-lo a noite inteira no sereno para receber os fluidos positivos da Mãe Natureza. Importante deixar o recipiente num lugar alto, de maneira a não ser tocado (poluído) por algum animal. Um pedaço de filó, ou algodãozinho bem fino, pode ser usado para cobrir a vasilha, evitando-se assim a penetração de mosquitos, besouros, etc. O tecido de proteção em nada atrapalha a ação energética do sereno, desde que a malha seja rala. Não use toalha de plástico, porque tem efeito negativo.

Advertência: O preparo e a maneira de como usar os banhos a seguir observam as normas estabelecidas em cada Terreiro. Consulte seu babalorixá.

BANHOS PARA OS FILHOS DE OBÁ

Espada de São Jorge
Guiné Caboclo
Arruda macho
Cipó chumbo
Comigo ninguém pode
Levante
Palma de Santa Rita

PARA AS FILHAS DE OBÁ

Angélicas
Rosas brancas
Samambaia
Guiné Caboclo
Arruda
Palma de Santa Catarina
Palma de São Jorge

BANHOS DE DESCARREGO PARA OS FILHOS DE OBÁ

Guiné Caboclo
Levante
Gervão roxo
Arruda fêmea
Quebra-tudo
Palma de Santa Rita
Girassol
Espada de São Jorge

BANHO DE PROTEÇAO PARA OS FILHOS DE OBÁ

Guiné Caboclo
Arruda fêma
Girassol (flores)
Espada de São Jorge
Quebra-tudo
Levante
Espada de Santa Catarina

SOMENTE PARA AS FILHAS DE IEMANJA

Alecrim de jardim
Manjericão
Palma de São José
Lírios brancos
Orquídea branca
Angélicas
Flores brancas de guiné
Flores brancas de hortência

BANHOS PARA OS FILHOS DE IEMANJÁ

Hortelã de jardim
Manjericão
Alfazema
Jasmim
Flores de laranjeira
Cravos brancos
Aguapé
Rosas brancas

BANHO DE DESCARGA APÓS VISITAR CALUNGA

Erva de Xangô
Flor de Obaluaê (não confundir com as conhecidas pipocas)
Aroeira
Tapete de Oxalá
Guiné Caboclo

Após cozinhar, juntar um pouco de sal grosso

BANHO DE DESCARREGO DA VOVÓ

Arruda
Guiné Caboclo
Flores vermelhas
Folhas de Oxum
Pó de café (virgem)

Após ferver por três minutos, coloque sal grosso.

BANHOS DE PROTEÇAO DOS FILHOS DE IANSÃ

Folhas de limeira
Guiné pipiu
Flores de laranjeira
Arruda
Angélica
Rosas brancas
Espada de São Jorge (use as duas qualidades)
Flor de girassol
Broto de taquara (bem tenro)

I

Girassol
Palma de São José
Levante
Quebra-tudo
Arruda fêmea
Cipó mil homens
Espada de São Jorge (de ambas qualidades)
Guiné Caboclo

II

Açoita cavalo
Levante
Guiná
Alfazema
Arruda fêmea
Espada de São Jorge
Palma de São José
Girassol

III

Arruda macho
Guiné Caboclo
Rosas brancas
Quebra-tudo (ou Comigo Ninguém Pode)
Hortelã
Aguapé
Espada de São Jorge

BANHO DE OXALÁ

Espada de São Jorge (as duas qualidades)
Levante
Girassol
Guiné Caboclo
Arruda
Palmeira silvestre
Cravos brancos

PARA FILHOS E FILHAS DE OXALÁ

Copo de leite
Girasol
Cravos brancos
Palmito virgem
Espada de São Jorge (abas amarelas)
Rosas brancas
Lírios
Palma de São José

BANHOS PARA OS FILHOS DE OXOSSE

Samambaia
Barba de pau
Cipó chumbo (qualquer qualidade)
Açoita cavalo
Avencas
Folha de camboim
Flor branca de guiné
Alecrim de jardim
Lírios
Espada de São Jorge
Comigo Ninguém Pode

BANHO PARA ATRAIR BOAS VIBRAÇÕES

Folhas de laranjeira
Folha de lima de umbigo

Depois de bem cozidas, colocar um pouco de mel de abelha puro.

BANHO PARA AS FILHAS DE OXUM

Rosas brancas
Jasmim
Lírios
Palma de São Jorge
Erva-cidreira
Palma de São José
Arruda macho
Guiné Caboclo

Este banho é para ser tomado antes da sessão.

BANHO PARA AS FILHAS DE OXUM (ATRAÇÃO)

Rosas brancas
Hortelã
Guiné pipiu
Jasmim
Alfazema
Alecrim de jardim
Arruda macho
Espada de São Jorge

BANHO PARA OS FILHOS DE OXUM (DESCARREGO)

Guiné caboclo
Hortelã
Salsa
Arruda fêmea
Aipo
Levante
Espada de São Jorge

BANHO DE PROTEÇÃO PARA OS FILHOS DE OXUM

Samambaia
Hortelã
Avenca
Levante
Manjericão
Arruda (fêmea)
Guiné pipiu
Espada de São Jorge

Este banho deve ser acompanhado de oferenda ao seu Guia ou Orixá.

BANHO PARA OS FILHOS DE OXUM

Manjericão
Espada de São Jorge
Arruda macho
Aguapé
Lírios brancos
Jasmins
Guiné pipiu
Levante

PARA OS FILHOS DE XANGÔ KAÔ

Quebra-tudo
Folhas de camboim
Arruda macho
Comigo ninguém pode
Espada de São Jorge (duas cores)
Levante
Guiné Caboclo

PARA OS FILHOS DE XANGÔ AGANJU

Arruda macho
Cipó ferro
Guiné Caboclo
Quebra-tudo
Levante
Folha de camboim
Espada de São Jorge (da ponta amarela)
Comigo ninguém pode

PARA OS FILHOS DE XANGÔ ALAFIN

Comigo ninguém pode
Levante
Guiné Caboclo
Folhas de açoita cavalos
Arruda macho
Jatobá (de preferência a casca)
Folhas de coqueiro
Quebra-tudo
Espada de São Jorge

PARA OS FILHOS DE XANGÔ

Arruda
Quebra-tudo (pode ser substituída por
Comigo ninguém pode)
Folhas de camboim
Guiné Caboclo
Levante
Cipó mil homens
Espada de São Jorge

BANHOS DE DESCARGA PARA FILHOS DE OGUM

Guiné Caboclo
Arruda macho
Quebra-tudo
Levante
Espada de São Jorge
Cipó mil homens

PARA FILHOS DE OGUM ROMPE-MATO

Cipó cabeludo
Folha de araçá
Folha de coqueiro
Arruda macho
Levante
Guiné Caboclo
Espada de São Jorge

PARA OS FILHOS DE OGUM BEIRA-MAR

Aguapé
Guiné pipiu
Arruda macho
Espada de São Jorge
Palmas de São José
Levante

BANHO DE PAI ANDRÉ

Arruda
Guiné de preto velho
Três dentes de alho
Fumo de rolo (pedaços pequenos)

Após cozinhar, deixar ficar morno e juntar sal grosso.

BANHO DE PAI AMBRÓSIO

Arruda macho
Guiné pipiu
Flores brancas (mariquinhas)
Palma de Santa Rita (branca)
Espada de São Jorge (verde e amarela)

Depois da fervura colocar um pouco de alfazema

BANHO PARA GIRA DE PRETO VELHO

Barba de velho
Nega Mina
Cipó chumbo
Fumo de rolo